Michael Mazur

Wie schreibe und präsentiere ich eine wissenschaftliche Arbeit?

GRIN Verlag

Bibliografische Information der Deutschen Nationalbibliothek:

Die Deutsche Bibliothek verzeichnet diese Publikation in der Deutschen National-
bibliografie; detaillierte bibliografische Daten sind im Internet über http://dnb.d-
nb.de/ abrufbar.

Impressum:

Copyright © 2013 GRIN Verlag GmbH
Druck und Bindung: Books on Demand GmbH, Norderstedt Germany
ISBN: 978-3-656-82545-6

Dieses Buch bei GRIN:

http://www.grin.com/de/e-book/282990/wie-schreibe-und-praesentiere-ich-eine-
wissenschaftliche-arbeit

GRIN - Your knowledge has value

Der GRIN Verlag publiziert seit 1998 wissenschaftliche Arbeiten von Studenten, Hochschullehrern und anderen Akademikern als eBook und gedrucktes Buch. Die Verlagswebsite www.grin.com ist die ideale Plattform zur Veröffentlichung von Hausarbeiten, Abschlussarbeiten, wissenschaftlichen Aufsätzen, Dissertationen und Fachbüchern.

Besuchen Sie uns im Internet:

http://www.grin.com/

http://www.facebook.com/grincom

http://www.twitter.com/grin_com

Hochschule Osnabrück

Fakultät Management, Kultur und Technik

Institut für Management und Technik

Hausarbeit im Modul

Grundlagen des wissenschaftlichen Arbeitens

Thema:

Wie schreibe und präsentiere ich eine wissenschaftliche Arbeit?

Inhaltsverzeichnis

1 Einleitung..2

2 Vorarbeiten...2

2.1 Arbeitsorganisation 2

2.2 Themenabgrenzung und -formulierung...3

2.3 Literaturrecherche 4

2.4 Literaturbewertung und -auswahl 4

2.5 Literaturbeschaffung 5

2.6 Literaturauswertung 5

3 Erstellen des Manuskriptes 7

3.1 Einleitung 7

3.2 Hauptteil 8

3.3 Schluss 8

3.4 Aufbau des Inhaltsverzeichnis 8

3.5 Zitate im Fußnotenapparat 9

3.6 Formatierung 10

3.7 Überprüfung und Korrektur 10

4 Präsentieren der Ergebnisse..10

4.1 Vorbereitung der Präsentation 11

4.2 Ausarbeitung 11

4.3 Präsentation...12

5 Fazit...13

6 Literaturverzeichnis..14

7 Anhang 15

Abbildungsverzeichnis

Abbildung 1: Zeit- und Terminplan 15

Abbildung 2: Gegenüberstellung der Vor- und Nachteile von Arbeitsstätten.................3

Abbildung 3: Mind-Map wissenschaftliche Arbeit 16

Abbildung 4: Schritte zum Verstehen von Texten 5

1 Einleitung

Das Schreiben und Präsentieren von wissenschaftlichen Arbeiten stellt für die meisten Studenten eine gewisse Herausforderung dar. Diese Arbeit dient als Hilfestellung zur Bewältigung dieser Schwierigkeiten, indem sie die wichtigsten Aspekte für das Erstellen und Präsentieren einer wissenschaftlichen Arbeit näher erläutert. Diese Aspekte lassen sich auch in die Arbeitsphasen der notwendigen Vorbereitungen, der Manuskripterstellung sowie dem Präsentieren der Ergebnisse aufteilen. Dabei liegt der Schwerpunkt nicht nur auf den formalen Richtlinien, sondern auch auf den Schlüsselkompetenzen und Arbeitstechniken, die für eine erfolgreiche Ausarbeitung und Präsentation hilfreich sind.

2 Vorarbeiten

Bevor mit dem Erstellen des Manuskriptes begonnen werden kann, müssen zunächst grundlegende Vorbereitungen geleistet werden. Zu den wichtigsten Tätigkeiten dieser Phase gehören das Aufstellen eines Zeit- und Terminplans, die Wahl des Arbeitsplatzes und der Arbeitsmittel sowie die Festlegung der zentralen Forschungsfrage, mit der sich die Arbeit beschäftigt. Des Weiteren sind Überlegungen und Gedanken über das Vorgehen bei der Literaturrecherche, die Literaturauswahl und -beschaffung bis hin zur Auswertung des Materials zu tätigen.

2.1 Arbeitsorganisation

Zur Arbeitsorganisation gehören die Maßnahmen und Entscheidungen, welche für die effiziente Ausarbeitung einer wissenschaftlichen Arbeit benötigt werden. Als Erstes steht die Erstellung eines Zeit- und Terminplans an, danach folgt die Wahl des Arbeitsplatzes und der Arbeitsmittel.[1]

Ein Zeit- und Terminplan dient der Übersicht und Orientierung, wann welche Tätigkeiten zu erfolgen haben. Einzelne Arbeitsschritte können in Unterpunkte unterteilt und deren zeitliche Bearbeitungsdauer in einem Zeit- und Terminplan dargestellt werden.[2] Auf den ersten Blick erscheint dieses Planungsinstrument sehr zeitintensiv. Wenn aber einzelne Teilleistungen planmäßig erfüllt werden, dann stärkt dieser Erfolg die Motivation und somit auch den Studienerfolg.[3]

---

[1] Vgl. Theisen, M.: Wissenschaftliches Arbeiten, 2013, S. 45.
[2] Siehe im Anhang Abbildung 1 „Zeit- und Terminplan", S.15.
[3] Vgl. Theisen, M.: Wissenschaftliches Arbeiten, 2013, S. 43.

Bei der Wahl des Arbeitsplatzes kann zwischen dem häuslichen Schreibtisch und der Bibliothek gewählt werden. Beide Optionen haben ihre Vorzüge wie auch Einschränkungen. Oftmals ist die Wahl aber auch von der aktuellen Arbeitsphase abhängig. Somit ist abzuwägen, ob die Bibliothek für Literaturrecherchen und der eigene Schreibtisch für kreative Tätigkeiten besser geeignet sind. Grundsätzlich sollte die Wahl aber auf die Option fallen, welche eine gewisse konzentrationsförderliche Ruhe garantiert.[4] Folgende Gegenüberstellung zeigt Vor- und Nachteile beider Arbeitsstätten:

Abb. 2: Gegenüberstellung der Vor- und Nachteile von Arbeitsstätten	
Häuslicher Arbeitsplatz	Bibliothek
+ Vorhandene Arbeitsmittel + Vertraute Umgebung	+ Große Auswahl an Bücher vorhanden + Verringerte Ablenkungsgefahr
- Kleine Auswahl an Bücher vorhanden - Erhöhte Ablenkungsgefahr	- Arbeitsmittel müssen mitgebracht werden - Beschränkte Nutzung durch Öffnungszeiten - Zeitverlust durch An- und Abreise

Quelle: In Anlehnung an Rost, F.: Lern- und Arbeitstechniken für das Studium, S. 95

Für die Abheftung und Aufbewahrung von wissenschaftlichen Texten ist der Einsatz von Ordnern mit Sortiersystemen unabdingbar. Notizzettel und Stifte oder ein Laptop sollten sich immer in greifbarer Nähe befinden, um Ideen oder auch Probleme festzuhalten. Hilfreich für die Visualisierung von Problemstellungen ist der Einsatz einer Pinnwand. Ideen können anhand von Mind-Maps[5] veranschaulicht und verarbeitet werden.[6] Weitere Hilfsmittel wie Handbücher, Lexika, Enzyklopädien und das Internet können für die Klärung von Fachbegriffen und Definitionen nützlich sein.

2.2 Themenabgrenzung und -formulierung

Die Wahl des Themas sollte sich an die persönlichen Interessen und Neigungen des Verfassers richten. Diese ist oftmals ausschlaggebend und entscheidet über den Erfolg oder Misserfolg einer Arbeit.[7] Des Weiteren sollte bei der Wahl die spätere berufliche Relevanz und der Schwerpunkt des Studiums nicht unbeachtet bleiben.[8] „Das Ergebnis Ihrer wissenschaftlichen Arbeit soll eine Antwort liefern, und zwar die Antwort auf eine Forschungsfrage!"[9] Dabei sollte versucht werden, den Themenschwerpunkt als eine

---

[4] Vgl. Rost, F.: Lern- und Arbeitstechniken für das Studium, S. 95.
[5] Siehe im Anhang Abbildung 3 „Mind-Map wissenschaftliche Arbeit", S.16.
[6] Vgl. Brink, A.: Anfertigung wissenschaftlicher Arbeiten, S. 13 ff.
[7] Vgl. Stickel-Wolf, C./Wolf, J., Wissenschaftliches Arbeiten und Lerntechniken, S.108.
[8] Vgl. Karmasin, M./Ribing, R.: Die Gestaltung wissenschaftlicher Arbeiten, 2013, S. 21.
[9] Karmasin, M./Ribing, R.: Die Gestaltung wissenschaftlicher Arbeiten, 2013, S. 25.

einzige Frage zu formulieren, sodass genau der Kern der Problematik getroffen wird. Hierfür sollte die Fragenstellung präzise wie möglich formuliert werden.

Diese zentrale Frage sollte sich wiederrum in einzelne Unterfragen unterteilen lassen. Die Antworten der einzelnen Unterfragen tragen wiederum zur Beantwortung der zentralen Frage bei und liefern zudem nützliche Anhaltspunkte für die anstehenden Recherchen.[10]

2.3 Literaturrecherche

Bei der Suche nach geeigneter Literatur kann man systematisch oder auch pragmatisch vorgehen. Das systematische Suchverfahren richtet sich an Nachschlagwerke, Bibliothekskataloge, Bibliografien sowie aktuelle Fachdiskussionen aus Fachzeitschriften. Dabei werden die Fundstellen chronologisch gesichtet. Die weniger zeitintensive pragmatischen Recherche erfolgt meistens über Literaturlisten und -verzeichnisse in fachspezifischer Literatur sowie Semesterapparate oder Lehrbücher. Die Wahl der richtigen Methode ist von der Themenstellung und den Vorkenntnissen des Verfassers abhängig.[11]

2.4 Literaturbewertung und -auswahl

Bei der Literaturbewertung und -auswahl gilt es, aus der Menge, der im Rahmen der Materialrecherche ermittelten Literatur, die relevanten Texte zu ermitteln und auszuwählen, welche für die Beantwortung der zuvor formulierten Unterfragen[12] benötigt werden. Eine Sichtung der gesamten recherchierten Literatur wird aus zeitlichen Gründen nicht möglich sein. Für die Bewertung der Literatur eignet sich die Methoden des Anlesens und der Buchbesprechung. Die Literatur kann schon bei der Recherche angelesen werden. Diese Methode ist vor allem in der Bibliothek sinnvoll.[13] Dabei sollte jeder Text nach dem gleichen Bewertungsschema beurteilt werden. Bei einer Buchbesprechung werden hingegen die Rezensionen und Einschätzungen von Fachkollegen zu Rate gezogen. Diese findet man in wissenschaftlichen Fach- und Besprechungszeitschriften sowie in Literaturheften. Auch hierbei sollte ein einheitliches Prüfschema für eine bessere Vergleichbarkeit eingehalten werden.[14]

---

[10] Vgl. Karmasin, M./Ribing, R.: Die Gestaltung wissenschaftlicher Arbeiten, 2013, S. 25.
[11] Vgl. Theisen, M.: Wissenschaftliches Arbeiten, 2013, S. 60.
[12] Für die Erläuterung von Unterfragen siehe Kapitel 2.2.
[13] Vgl. Theisen, M.: Wissenschaftliches Arbeiten, 2013, S. 89f.
[14] Vgl. Theisen, M.: Wissenschaftliches Arbeiten, 2013, S. 98ff.

2.5 Literaturbeschaffung

Nach der Literaturauswahl folgt die Literaturbeschaffung. Als primäre Anlaufstelle für die Beschaffung von Monografien und Sammelwerke steht den Studenten der meisten Fachhochulen eine Bibliothek zur Verfügung. Sollte der gewünschte Text nicht in der fachhochschuleigenen Bibliothek vorhanden sein, gibt es die Möglichkeit der gezielten Suche in anderen Bibliotheken und die der Fernleihe. Dafür dienen elektronische Verbundkataloge sowie Zeitschriftendatenbanken als Unterstützung.[15] Falls sich ein Buch oder eine Zeitschrift für den weiteren Studienverlauf als nützlich erweist, sollte über den Erwerb beziehungsweise ein Abonnement nachgedacht werden. Des Weiteren gibt es die Möglichkeit des Downloads von Texten und Literatur sowie des Zurückgreifens auf Onlinebücher, welche von einigen Verlagen an den meisten Fachhochschulen angeboten werden.

2.6 Literaturauswertung

Sobald die Literatur vorhanden ist, erfolgt das Lesen und Auswertung dieser. Die Herausforderung dabei ist, den gelesenen Text auch zu verstehen. Denn „Lesen ist Handeln mit dem Ziel, aus einem Text einen Sinn zu bilden, sich durch dieses Tun selbst ein Erlebnis zu bereiten." Um dieses Ziel zu erreichen, können die folgenden Schritte durchlaufen werden:

Abb. 4: Schritte zum Verstehen von Texten

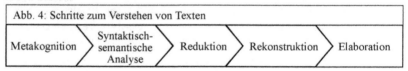

Als erster Schritt erfolgt die **Metakognition**, welches das Nachdenken und das Fragenstellen an sich und an den Text meint. Die themenbezogenen Fragen und Gedanken richten sich dabei an das Vorwissen des Lesers und das Anforderungsniveau des Textes. Metakognitive Überlegungen sind deshalb hilfreich, weil sie den Leser dazu anregen, sich schon vor dem Lesen mit dem Inhalt der Literatur zu beschäftigen.[16]

Der nächste Schritt ist die **syntaktisch-semantische Analyse**. Diese findet ebenfalls vor dem Leseprozess statt und meint das Klären von Fachbegriffen und Definitionen aus einem bestimmten Kontext.[17] Im Folgenden ein Beispiel anhand des Begriffes „Installation".

---

[15] Vgl. Rost, F.: Lern- und Arbeitstechniken für das Studium, 2012, S. 186 f.
[16] Vgl. Franck, N./Stary, J.: Die Technik wissenschaftlichen Arbeitens, 2011, S. 73.
[17] Vgl. Franck, N./Stary, J.: Die Technik wissenschaftlichen Arbeitens, 2011, S. 74.

Ein Wirtschaftsinformatiker versteht unter dem Begriff „Installation", im Kontext der Informatik, den Vorgang ein Programm auf einen Computer zu kopieren und konfigurierbar zu machen. Ein Elektrotechniker versteht unter demselben Begriff, im Kontext der Elektrotechnik, die Montage von elektrischen Anlagen.

Für derartige Klärungen eignet sich als erste Anlaufstelle das Online-Nachschlagewerk *Wikipedia*. Für tiefgründige Recherchen und Analysen, sollte die Nutzung derartiger Onlinenachschlagewerke gemieden werden und stattdessen Lexika und Wörterbüchern herangezogen werden.[18]

Als Nächstes folgt die **Reduktion**, die das Reduzieren oder Zusammenfassen eines Textes auf seine wesentlichen Informationen vorsieht. Dafür stehen die folgenden drei Methoden zur Verfügung:

- Unterstreichen und markieren
- Randbemerkungen
- Exzerpieren

Ein Text sollte erst beim zweiten Lesen **unterstrichen oder markiert** werden, damit ein Überblick über die wirklich wichtigen Textstellen geschaffen werden kann. Dabei ist es wichtig, dass nicht zu viel unterstrichen und markiert wird, da sonst das eigentliche Ziel, das Hervorheben von wichtigen Stellen, durch zu viele Markierungen den Effekt verliert.[19]

Bei den Randbemerkungen sollten Ausdrücke wie „?" und „!" oder „Aha" und „Toll" vermieden werden, weil diese nichts sagend sind. Hilfreicher für das spätere Nachschlagen ist es, wenn einzelne Absätze inhaltlich mithilfe von Schlag- oder Stichwörtern oder logisch anhand von Thesen, Beispiele, Begründungen oder Verweisen zusammengefasst werden.[20]

Die Methode des **Exzerpieren** eignet sich vor allem dann, wenn das Unterstreichen, Markieren und Machen von Randbemerkungen nicht möglich ist, weil die Literatur ausgeliehen oder ein schnelles Nachschlagen nicht möglich ist. Bei einem Exzerpt werden die wichtigsten Inhalte in eigene Worte zusammengefasst. Zusätzlich werden eigene Kommentare dazugeschrieben. Zu beachten ist, dass die eigenen Gedanken nicht mit denen des Autors vermischt werden.[21]

---

[18] Vgl. Theisen, M.: Wissenschaftliches Arbeiten, 2013, S. 60 ff.
[19] Vgl. Rost, F.: Lern- und Arbeitstechniken für das Studium, 2012, S. 209 f.
[20] Vgl. Franck, N./Stary, J.: Die Technik wissenschaftlichen Arbeitens, 2011, S. 71.
[21] Vgl. Theisen, M.: Wissenschaftliches Arbeiten, 2013, S. 137f.

Nach der Reduktion folgt die **Rekonstruktion.** Hierbei werden wesentliche Inhalte visualisiert, zum Beispiel als Mind-Map, dargestellt. Dieses hat den Vorteil, dass eine gründliche Auseinandersetzung mit dem Text erfolgt und durch die Visualisierung der wissenschaftlichen Literatur ist es einfacher, den Inhalt zu behalten.[22]

Als letzter Schritt erfolgt die **Elaboration.** In dieser Phase erfolgen das Textverständnis sowie das Hinterfragen des Textes anhand von formalen und neutralen Kriterien. Durch das kritische Hinterfragen der Literatur bildet sich eine eigne Meinung und Wissen. [23]

3 Erstellen des Manuskriptes

Nachdem die Vorarbeiten erledigt sind, beginnt der Verschriftlichungsprozess. Es gibt verschiedene Möglichkeiten eine Arbeit strukturell aufzubauen. Grundsätzlich muss bei der Struktur einer wissenschaftlichen Ausarbeitung darauf geachtet werden, dass der Bezug zum Thema und zur Fragestellung nicht verloren geht. Zudem ist das Einhalten einer Form wichtig. Im Folgenden wird der klassische Aufbau einer Arbeit bestehend aus Einleitung, Hauptteil und Schluss erläutert. Des Weiteren wird auf die formalen Richtlinien für die Inhaltsangabe, Gliederung und Zitate und Fußnoten näher eingegangen.

Sollte es bei der ersten Anfertigung zur Schreibblockade kommen, ist es ratsam nicht gleich zu verzweifeln. Es kommt nicht auf die „exakte und stilistische ansprechende Formulierung oder auf das Schreiben an. Wichtig ist in diesem Stadium, alle Gedanken und Ideen zügig niederzuschreiben"[24]. Sortierung und Umformulierungen können im Nachhinein durchgeführt werden.

3.1 Einleitung

Der Zweck der Einleitung ist es, dem Leser einen kurzen Überblick über das Thema und der zugrunde liegenden Fragestellung sowie dem Nutzen der Antwort zu geben. Teilaspekte und Abgrenzungen werden angegeben und begründet. Dabei wird der Bezug zum Fachgebiet aufgegriffen und die Betrachtungsweise sowie Vorgehensweise dargestellt. Die Einleitung soll so geschrieben werden, dass das Interesse des Lesers geweckt wird.[25]

---

[22] Vgl. Franck, N./Stary, J.: Die Technik wissenschaftlichen Arbeitens, 2011, S. 85 f.
[23] Vgl. Franck, N./Stary, J.: Die Technik wissenschaftlichen Arbeitens, 2011, S. 91 f.
[24] Theisen, M.: Wissenschaftliches Arbeiten, 2013, S. 148.
[25] Vgl. Disterer, G.: Studienarbeiten schreiben, 2011, S. 150 – 153.

3.2 Hauptteil

Im Anschluss an die Einleitung folgen im Hauptteil die genauen Ausführungen zum Thema der Arbeit.[26] Inhaltich werden hier die Fragen und Problemstellungen erläutert und anhand von Argumenten begründet und durch Zitate und Quellangaben nachgewiesen. Wichtig ist, dass die Argumente logisch aufeinander aufbauen und der Gedankenfluss des Autors zu erkennen ist. Das bedeutet, dass die einzelnen Kapitel zusammenhängend und verknüpft in eine Reihenfolge gebracht werden. Bei einer wahllosen Aneinanderreihung der Teilergebnisse besteht die Gefahr, das Interesse des Lesers zu verlieren.[27]

3.3 Schluss

Wurde bei der Einleitung ein Überblick der gestellten Fragestellung gegeben, so kann beim abschließenden Kapitel eine Zusammenfassung der wesentlichen Ergebnisse aufgestellt werden. Ebenfalls sollte hier auf unbeantwortete Teilfragen und Lösungsansätze hingewiesen werden. „Wenn die Studierenden keinerlei kritische Distanz zu ihren eigenen Ergebnissen erkennen lassen, geraten sie in den Verdacht, sie hätten die zu beachtenden Einschränkungen und Grenzen ihrer Vorgehensweise und Ergebnisse nicht gesehen. Daher gehört zur vollständigen Behandlung einer fachlichen Themenstellung auch der Hinweis auf notwendige Einschränkungen der Interpretation und auf Grenzen der Übertragbarkeit der Ergebnisse."[28]

3.4 Aufbau des Inhaltsverzeichnis

Im Inhaltsverzeichnis werden alle Bestandteile einer Arbeit mit der dazugehörigen Seitenzahl aufgelistet. Alle Kapitelüberschriften und Gliederungspunkte müssen im Inhaltsverzeichnis wortgleich aufgeführt werden. Dabei werden die jeweiligen Titel links angeordnet und die Seitenzahl wird rechtsbündig platziert. Ob man den Abstand zwischen einem Titel und der Seitenzahl mit Punkten auffüllt, bleibt jedem selbst überlassen.

Bei der Gliederung wird zwischen einer nummerischen oder alphanummerischen Ordnung unterschieden. Zusätzlich können beide Arten der Ordnungen linksbündig oder eingerückt dargestellt werden. Hierbei spricht man vom Linienprinzip und Abstufungs-

[26] Vgl. Theisen, M.: Wissenschaftliches Arbeiten, 2013, S. 152.
[27] Vgl. Disterer, G.: Studienarbeiten schreiben, 2011, S. 155.
[28] Disterer, G.: Studienarbeiten schreiben, 2011, S. 155.

prinzip.[29] Zur Übersicht werden mögliche Gliederungsformen in der folgenden Abbildung dargestellt:

Abb. 5: Mögliche Gliederungsformen		
Ordnung / Prinzip	Linienprinzip	Abstufungsprinzip

Numerisch	1 .....
	2 .....
	2.2 .....
	2.2.1 .....
	2.2.2 .....
	2.3 .....
	3 .....
	...
		1 .....
		2 .....
		   2.2 .....
		     2.2.1 .....
		     2.2.2 .....
		   2.3 .....
		3 .....

Alphanumerisch	A .....
	B .....
	I .....
	II .....
	1 .....
	2 .....
	III .....
	C .....
	...
		A .....
		B .....
		  I .....
		  II .....
		    1 .....
		    2 .....
		  III .....
		C .....
		...

Quelle: In Anlehnung an Brink, A.: Anfertigung wissenschaftlicher Arbeiten, 2013, S. 143

3.5 Zitate im Fußnotenapparat

Textpassagen, welche sich an das Gedankengut anderer Autoren anlehnen oder sogar wortwörtlich wiedergegeben werden, müssen als Zitate gekennzeichnet und deren Quelle angegeben werden. Bei den Zitaten wird zwischen einem direkten und indirekten Zitat unterschieden. Bei einem direkten Zitat, oder auch wortwörtliches Zitat genannt, wird die Textstelle durch Anführungszeichen markiert. Bei einem indirekten Zitat werden Texte inhaltlich wiedergeben. Unabhängig von der Zitierweise muss die Quelle eindeutig nachvollziehbar sein.

Für die förmliche Gestaltung gilt für beide Zitierweisen, dass am Ende des zitierten Textes eine Fußnote in Form einer hochgestellten Zahl angefügt wird.[30] „Die Fußnoten werden dabei in der gesamten Arbeit durchnummeriert."[31] Die Quellen werden am Ende jeder Seite unter dem Zitierstrich geschrieben und der Fußnotentext beginnt immer mit

---

[29] Vgl. Brink, A.: Anfertigung wissenschaftlicher Arbeiten, S. 143.
[30] Vgl. Brink, A.: Anfertigung wissenschaftlicher Arbeiten, S. 218 – 222.
[31] Theisen, M.: Wissenschaftliches Arbeiten, 2013, S. 161.

einem Großbuchstaben und endet mit einem Punkt.[32] Die meisten Textverarbeitungsprogramme bieten entsprechende Funktionen für die Verwendung von Fußnoten und
Zitaten. Dabei sollte die vom Textverarbeitungsprogramme vorgeschlagene Form überprüft und gegebenenfalls an die genauen Vorgaben des Dozenten anpasst werden.

3.6 Formatierung

Bei der Formatierung des Manuskripts ist darauf zu achten, dass die äußere Form den
vorgegebenen Richtlinien des Dozenten entspricht. Dazu zählen meistens das Einhalten
von Seiträndern und Zeilenabständen, Verwendung von bestimmten Schriftarten und
Schriftgrößen für den Text wie auch für die Überschriften und der Einsatz vom Block-
satz mit Silbentrennung. Des Weiteren sollten die Seiten fortlaufend durchnummeriert
und die Seitenzahl aufgeführt werden. „Die konkrete Seitenangabe beginnt in jedem
Fall erst auf der zweiten bzw. – falls diese frei bleibt – dritten Seite nach dem Titel-
blatt."[33]

3.7 Überprüfung und Korrektur

Nachdem das Manuskript geschrieben ist, sollte es überprüft und korrigiert werden. Für
diese Phase sollte schon am Anfang genug Zeit eingeplant werden, da nicht nur die eigene Korrektur, sondern vielmehr auch die Fremdkorrektur viel Zeit in Anspruch neh-
men. Bei der Eigenkorrektur werden hauptsächlich inhaltliche und formale Fehler ge-
sucht und korrigiert. Für die Suche nach Tippfehlern ist es hilfreich, wenn der Text von
rechts nach links gelesen wird, da dabei der Zusammenhang des Textes verloren geht
und die Aufmerksamkeit auf den einzelnen Wörtern liegt.[34] Für die Rechtschreib- und
Grammatikprüfung sollte zusätzlich zur Überprüfungsfunktion des Textverarbeitungs-
programmes eine zweite Person um Unterstützung gebeten werden.

4 Präsentieren der Ergebnisse

Das Präsentieren der Ergebnisse einer wissenschaftlichen Ausarbeitung ist oftmals ein
Bestandteil des Leistungsnachweises.[35] Im Gegensatz zum Manuskript, welches die
schriftliche Form einer Arbeit darstellt, handelt es sich bei der Präsentation um einen
mündlichen Vortrag des Inhaltes. In diesem Kapitel werden die erforderlichen Vorge-
hensweisen der Vorbereitung, der Ausarbeitung und der Durchführung für eine erfolg-

---

[32] Vgl. Brink, A.: Anfertigung wissenschaftlicher Arbeiten, S. 221 ff.
[33] Theisen, M.: Wissenschaftliches Arbeiten, 2013, S. 207.
[34] Vgl. Theisen, M.: Wissenschaftliches Arbeiten, 2013, S. 251f.
[35] Vgl. Balzert, H.: Wissenschaftliches Arbeiten, 2011, S. 337.

reiche Präsentation vorgestellt. Im Folgenden unterscheiden sich die Begrifflichkeiten der Präsentation im Sinne eines mündlichen Vortrags sowie das Präsentationsprogramm als Hilfsmittel zur Visualisierung des Vortrags.

4.1 Vorbereitung der Präsentation

Bevor man eine Präsentation ausarbeiten kann, sollte als Erstes über das Auditorium und dessen Erwartungen an die Präsentation nachgedacht werden. Inhaltich sollte eine Präsentation dem Anforderungsniveau der Zuhörerschaft angepasst werden.[36] Je nachdem ob sich vorrangig Experten im Publikum befinden oder ob es sich um Adressaten handelt, denen das Thema weitestgehend unbekannt ist, sollte über die Verwendung von Fachbegriffen und Definitionen abgewogen werden.

Ebenfalls muss im Vorfeld geklärt werden, ob die gängigen Hilfsmittel wie Flipcharts, Tafeln, Computer oder Beamer in den Räumlichkeiten vorhanden sind. Elektronische Hilfsmittel sollten zusätzlich auf die Vollständigkeit, Funktionsfähigkeit sowie Komptabilität mit den eigenen elektronischen Hilfsmitteln wie Laptop, USB-Stick oder Presenter überprüft werden. Bei der Wahl eine Flipchart oder Tafel ist zu beachten, dass diese für eine Gruppen bis maximal 20 Personen geeignet sind.[37] Für einen Einsatz von Präsentationsprogrammen spricht die Vielfalt der Gestaltungsmöglichkeiten.[38]

4.2 Ausarbeitung

Ähnlich wie beim Manuskript sollte eine Präsentation einen strukturellen Aufbau vorweisen und aus Einleitung, Hauptteil und Schluss bestehen.[39] Bei dem Einsatz von technischen Hilfsmitteln ist zu beachten, dass diese den Vortag unterstützen und nicht selbst der Vortag sind. Der Inhalt des Vortrags soll das Ergebnis der wissenschaftlichen Arbeit wiedergeben und erläutern, während das Präsentationsprogram Hilfestellung leistet. Das Ausschreiben von ganzen Texten und Sätzen verleitet das Publikum, sich mehr mit dem Lesen als mit dem Redner zu befassen. Deswegen sollten nur Stich- oder Schlagwörter verwendet werden, die das gesprochene Wort unterstützen.

Um inhaltliche Zusammenhänge, welches oftmals schwierig mit Wörtern zu erklären sind, ist es sinnvoll, diese in Form von Visualisierungen darzustellen. Als Visualisierungen werden Tabellen, Diagramme, Grafiken und Bilder bezeichnet. Dabei ist zu beachten, dass die Visualisierung wichtige Aussagen hervorhebt und den Erklärungsauf-

---

[36] Vgl. Nöllke, C./Schmettkamp, M.: Präsentieren, S. 133 – 137.
[37] Vgl. Nöllke, C./Schmettkamp, M.: Präsentieren, S. 175.
[38] Vgl. Nöllke, C./Schmettkamp, M.: Präsentieren, S. 74.
[39] Vgl. Franck, N./Stary, J.: Die Technik des wissenschaftlichen Arbeitens, S.224.

wand verkürzen. Vorteile von Visualisierungen sind, dass sie die Präsentation interessanter gestalten und bestimmte Aussagen einfacher zu merken sind. [40] Nichtssagende oder mit Informationen überladene Visualisierungen sollten vermieden werden, da sie ebenfalls die Zuhörerschaft ablenken.

Bei der Gestaltung von Präsentationsprogramen sollte viel Wert auf ein einheitliches Layout und Schriftbild gelegt werden. Die Lesbarkeit steht hierbei im Vordergrund. Der Text sollte sich durch einen hohen Kontrast zum Hintergrund, zum Beispiel schwarzer Text auf weißen Hintergrund, gut abgrenzen und lesen lassen. Die Größe des Textes und der Grafiken sollte so gewählt werden, dass diese im ganzen Präsentationsraum zu erkennen sind. Des Weiteren ist die Angabe von Seitenzahlen hilfreich für eventuell aufkommende Fragen oder Verweise auf bestimmte Inhalte.

4.3 Präsentation

Bei der Präsentation steht der Redner einem Publikum kritisch gegenüber und sollte deshalb sein äußeres Erscheinungsbild dem Anlass und dem Publikum anpassen. Bevor er mit der Begrüßung beginnt, sollte der Redner mit einem sicheren Auftreten und einem festen Stand den Zuschauern etwas Zeit geben, um zur Ruhe zu kommen. Dabei sollte er mit seinem Blick durch das Publikum gehen, um es damit „abzuholen“. Dann beginnt der Redner mit der Begrüßung und einleitenden Worten zum Thema. Hierbei sollte er mindestens 60 Sekunden seinen festen Stand beibehalten, bevor er durch den gezielten Einsatz von Gestik und Mimik bestimmte Inhalte untermauert und betont. Diese Art der nonverbalen Kommunikation sollte dann für die ganze Dauer der Präsentation eingesetzt werden. Während der Präsentation ist zu beachten, wenn der Redner auf bestimmte Inhalte des Präsentationsprogrammes oder Flipcharts aufmerksam machen will, und er sich somit mit seinem Rücken zum Publikum wendet, dass er nicht gleichzeitig dabei spricht. Gleiches gilt wenn etwas an die Tafel geschrieben wird. Es ist wichtig, dass er dem Publikum zugewendet ist, wenn er spricht.

---

[40] Vgl. Nöllke, C./Schmettkamp, M.: Präsentieren, S. 62.

5 Fazit

Abschließend wäre zu erwähnen, dass das Schreiben und Präsentieren einer wissenschaftlichen Arbeit viel mehr als nur ein Aufsatz oder Referat ist, wie man es aus der Schulzeit kennt. Es bedarf einer tiefgründigen Auseinandersetzung mit einem Thema und vor allem mit der zugrundeliegenden Fragestellung. Diese Arbeit bietet einen guten Einstiegspunkt dafür. Für genauere Erklärungen zu diesem umfangreichen Thema sollten die Quellen aus dem Literaturverzeichnis weitere Hilfestellungen bieten.

Durch die praktische Ausübung und das Schreiben und Präsentieren von wissenschaftlichen Arbeiten kann diese Schlüsselkompetenz erarbeitet werden. Mit dem Hinblick auf den weiteren Studienverlauf wird bewusst, dass man noch des Öfteren die Gelegenheit dafür bekommt.

6 Literaturverzeichnis

Balzert, Helmut u.a.: Wissenschaftliches Arbeiten. Ethik, Inhalt & Form wiss. Arbeiten, Handwerkszeug, Quellen, Projektmanagement, Präsentation, 2. Aufl. Herdecke: W3L Gmbh, 2011

Bring, Alfred: Anfertigung wissenschaftlicher Arbeiten. Ein prozessorientierter Leitfaden zur Erstellung von Bachelor-, Master- und Diplomarbeiten, 5. Aufl. Wiesbaden: Springer Gabler, 2013

Disterer, Georg: Studienarbeiten schreiben. Seminar-, Bachelor-, Master und Diplomarbeiten in den Wirtschaftswissenschaften, 6. Aufl. Berlin: Springer, 2011

Franck, Norbert/Stary, Joachim: Die Technik des wissenschaftlichen Arbeitens. Eine praktische Anleitung, 16. Aufl. Paderborn: Schöningh, 2011

Karmasin, Matthias/Ribing, Rainer: Die Gestaltung wissenschaftlicher Arbeiten. Ein Leitfaden für Seminararbeiten, Bachelor-, Master- und Magisterarbeiten sowie Dissertationen, 7. Aufl. Wien: facultas.wuv, 2013

Nöllke, Claudia/Schmettkamp, Michael: Präsentieren. Freiburg: Hauft, 2011

Rost, Friedrich: Lern- und Arbeitstechniken für das Studium. 7. Aufl. Wiesbaden: Springer VS, 2012

Stickel-Wolf, Christine/Wolf, Joachim: Wissenschaftliches Arbeiten und Lerntechniken: Erfolgreich studieren - gewusst wie!, 7. Aufl. Wiesbaden: Springer Gabler, 2013

Theisen, Manuel René: Wissenschaftliches Arbeiten. Erfolgreich bei Bachelor- und Masterarbeit, 16. Aufl. München: Vahlen, 2013

7 Anhang

Abb. 1: Zeit- und Terminplan

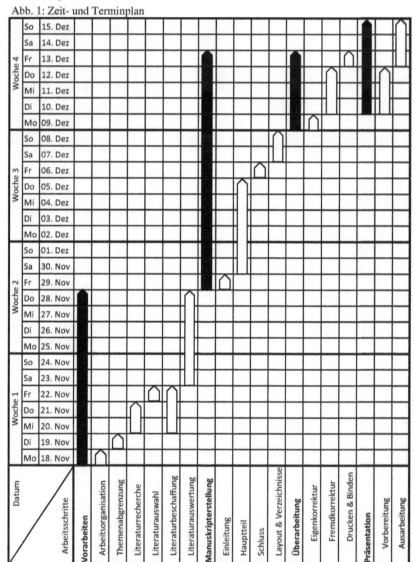

Quelle: In Anlehnung an Theisen, M.: Wissenschaftliches Arbeiten, 2013, S. 43

Abb. 2 Mind-Map wissenschaftliche Arbeit

Vorbereitung

Vortrag

Themenabgrenzung und –formulierung

Zeit- und Terminplan

Ausarbeitung

Arbeitsorganisation

Vorarbeiten

Arbeitsplatz

Präsentation

Hilfsmittel

Gliederung

Wissenschaftliche Arbeit

Einleitung

Literaturauswahl

Hauptteil

Manuskript

Zitate & Fußnoten

Literatur

Literaturbeschaffung

Schluss

Inhaltsverzeichnis

Literaturauswertung

Literaturrecherche

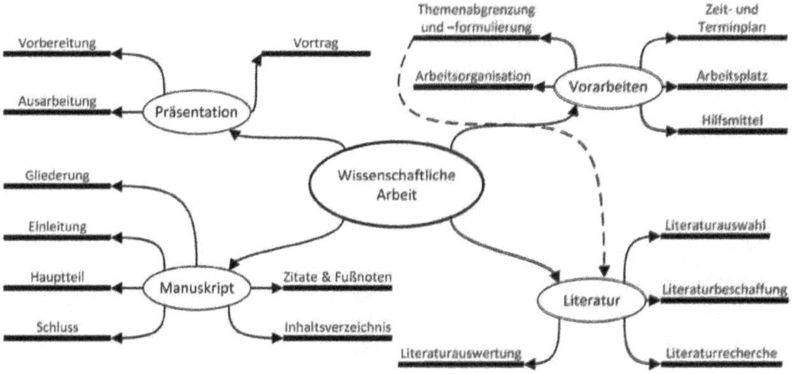